Copyright ©2021 Virginie Sarah-Lou
Tous droits réservés.
ISBN : 9798542971025
couverture : conception Virginie Sarah-Lou
illustration ©Livre vecteur créé par pikisuperstar - fr.freepik.com

Mon petit carnet

Nom..

Prénom...

CARNET DÉMARRÉ LE

....

CARNET TERMINÉ LE

....

Sommaire

96 FICHES LECTURE

MES COUPS DE COEUR

MES SALONS / DÉDICACES

MES LIVRES PRÊTÉS
& EMPRUNTÉS

MA LISTE D'ENVIES

IDÉES CADEAUX

BILAN ANNUEL

> Un livre a toujours deux auteurs : celui qui l'écrit et celui qui le lit.
>
> Jacques Salomé

Les Fiches

FICHE N° ....

TITRE ....

....

GENRE ....
NB DE PAGES .... DATE DE SORTIE ....
AUTEUR / AUTEURE ....
EDITEUR ....
LECTURE DÉBUTÉE LE ....
TERMINÉE LE ....
BROCHÉ ○   POCHE ○   NUMÉRIQUE ○

ACHAT ○   PRÊTÉ PAR ○ ....
OFFERT PAR ○ ....   SERVICE PRESSE ○
MÉDIATHÈQUE ○

》》 MON AVIS GÉNÉRAL   / 5

....
....
....
....
....

》》 CE QUE J'AI ADORÉ

....
....

》》 CE QUE J'AI MOINS AIMÉ

....
....

COUP DE COEUR ♡   IDÉE CADEAU POUR
                          .... ○
                          .... ○
                          .... ○

Fiche n° ....

Titre ....
....

Genre ....
Nb de pages........................ Date de sortie ....
Auteur / auteure ....
Editeur ....
Lecture débutée le ....
Terminée le ....
Broché ○   poche ○   numérique ○

Achat ○   Prêté par ○ ....
Offert par ○ ....   Service Presse ○
Médiathèque ○

》 Mon avis général   / 5
....
....
....
....
....

》 Ce que j'ai adoré
....
....

》 Ce que j'ai moins aimé
....
....

Coup de coeur ♡   Idée cadeau pour
                                .... ○
                                .... ○
                                .... ○

Fiche n° ....

Titre ....
....

Genre ....
Nb de pages............................ Date de sortie ....
Auteur / auteure ....
Editeur ....
Lecture débutée le ....
Terminée le ....
Broché ○   poche ○   numérique ○

Achat ○   Prêté par ○ ....
Offert par ○ .... Service Presse ○
Médiathèque ○

>>> Mon avis général   / 5
....
....
....
....
....

>>> Ce que j'ai adoré
....
....

>>> Ce que j'ai moins aimé
....
....

Coup de coeur ♡   Idée cadeau pour
                                  .... ○
                                  .... ○
                                  .... ○

FICHE N° ....

TITRE ....
....

GENRE ....
NB DE PAGES .... DATE DE SORTIE ....
AUTEUR / AUTEURE ....
EDITEUR ....
LECTURE DÉBUTÉE LE ....
TERMINÉE LE ....
BROCHÉ ⚪   POCHE ⚪   NUMÉRIQUE ⚪

ACHAT ⚪   PRÊTÉ PAR ⚪ ....
OFFERT PAR ⚪ ....   SERVICE PRESSE ⚪
MÉDIATHÈQUE ⚪

》 MON AVIS GÉNÉRAL   / 5

....
....
....
....
....

》 CE QUE J'AI ADORÉ
....
....

》 CE QUE J'AI MOINS AIMÉ
....
....

COUP DE COEUR ♡   IDÉE CADEAU POUR
.... ⚪
.... ⚪
.... ⚪

Fiche N° ....

Titre ....

....

Genre ....
Nb de pages .... Date de sortie ....
Auteur / auteure ....
Editeur ....
Lecture débutée le ....
Terminée le ....
Broché ○   poche ○   numérique ○

Achat ○   Prêté par ○ ....
Offert par ○ .... Service Presse ○
Médiathèque ○

>>> Mon avis général   / 5

....
....
....
....
....

>>> Ce que j'ai adoré

....
....

>>> Ce que j'ai moins aimé

....
....

Coup de coeur ♥   idée cadeau pour

.... ○
.... ○
.... ○

Fiche N° ....

Titre ....

Genre ....
Nb de pages........................... Date de sortie ....
Auteur / auteure ....
Editeur ....
Lecture débutée le ....
Terminée le ....

Broché ○　　　　Poche ○　　　　Numérique ○

Achat ○　　Prêté par ○ ....
Offert par ○ .... Service Presse ○
Médiathèque ○

》 Mon avis général　　📚 📚 📚 📚 📚　　/ 5

....
....
....
....
....

》 Ce que j'ai adoré

....
....

》 Ce que j'ai moins aimé

....
....

Coup de coeur ♡　　　Idée cadeau pour

.... ○
.... ○
.... ○

FICHE N° ....

TITRE ....
....

GENRE ....
NB DE PAGES .... DATE DE SORTIE ....
AUTEUR / AUTEURE ....
EDITEUR ....
LECTURE DÉBUTÉE LE ....
TERMINÉE LE ....
BROCHÉ ○   POCHE ○   NUMÉRIQUE ○

ACHAT ○   PRÊTÉ PAR ○ ....
OFFERT PAR ○ .... SERVICE PRESSE ○
MÉDIATHÈQUE ○

>>> MON AVIS GÉNÉRAL   📚 📚 📚 📚 📚 / 5

....
....
....
....
....

>>> CE QUE J'AI ADORÉ

....
....

>>> CE QUE J'AI MOINS AIMÉ

....
....

COUP DE COEUR ♡   IDÉE CADEAU POUR
                        .... ○
                        .... ○
                        .... ○

Fiche n° ....

Titre ....
....

Genre ....
Nb de pages........................ Date de sortie ....
Auteur / auteure ....
Editeur ....
Lecture débutée le ....
Terminée le ....
Broché ○ poche ○ numérique ○

Achat ○ Prêté par ○ ....
Offert par ○ .... Service Presse ○
Médiathèque ○

>>> Mon avis général   / 5

....
....
....
....
....

>>> Ce que j'ai adoré
....
....

>>> Ce que j'ai moins aimé
....
....

Coup de coeur ♡   Idée cadeau pour
.... ○
.... ○
.... ○

Fiche n° ....

Titre ....
....

Genre ....
Nb de pages .... Date de sortie ....
Auteur / auteure ....
Editeur ....
Lecture débutée le ....
Terminée le ....
Broché ○　　　　poche ○　　　　numérique ○

Achat ○　　Prêté par ○ ....
Offert par ○ .... Service Presse ○
Médiathèque ○

》》 Mon avis général　　　　　　　　　　／5

....
....
....
....
....

》》 Ce que j'ai adoré
....
....

》》 Ce que j'ai moins aimé
....
....

Coup de coeur ♡　　　idée cadeau pour
.... ○
.... ○
.... ○

Fiche n° ....

Titre ....

....

Genre ....
Nb de pages .... Date de sortie ....
Auteur / auteure ....
Editeur ....
Lecture débutée le ....
Terminée le ....
Broché ○   poche ○   numérique ○

Achat ○   Prêté par ○ ....
Offert par ○ .... Service Presse ○
Médiathèque ○

>> Mon avis général   / 5

....
....
....
....
....

>> Ce que j'ai adoré
....
....

>> Ce que j'ai moins aimé
....
....

Coup de coeur ♡   idée cadeau pour
                         .... ○
                         .... ○
                         .... ○

Fiche N° ....

Titre ....

....

Genre ....
Nb de pages .... Date de sortie ....
Auteur / auteure ....
Editeur ....
Lecture débutée le ....
Terminée le ....
Broché ○   poche ○   numérique ○

Achat ○   Prêté par ○ ....
Offert par ○ .... Service Presse ○
Médiathèque ○

》 Mon avis général   📖 📖 📖 📖 📖   / 5

....
....
....
....
....

》 Ce que j'ai adoré

....
....

》 Ce que j'ai moins aimé

....
....

Coup de coeur ♡   Idée cadeau pour

.... ○
.... ○
.... ○

Fiche n° ....

Titre ....

Genre ....
Nb de pages .... Date de sortie ....
Auteur / auteure ....
Editeur ....
Lecture débutée le ....
Terminée le ....
Broché ○   poche ○   numérique ○

Achat ○   Prêté par ○ ....
Offert par ○ ....   Service Presse ○
Médiathèque ○

>>> Mon avis général   / 5

....
....
....
....
....

>>> Ce que j'ai adoré

....
....

>>> Ce que j'ai moins aimé

....
....

Coup de coeur ♡   Idée cadeau pour
                       .... ○
                       .... ○
                       .... ○

Fiche N° ....

Titre ....

....

Genre ....
Nb de pages .... Date de sortie ....
Auteur / auteure ....
Editeur ....
Lecture débutée le ....
Terminée le ....
Broché ○   poche ○   numérique ○

Achat ○   Prêté par ○ ....
Offert par ○ .... Service Presse ○
Médiathèque ○

》 Mon avis général   / 5

....
....
....
....
....

》 Ce que j'ai adoré

....
....

》 Ce que j'ai moins aimé

....
....

Coup de coeur ♡   idée cadeau pour
                                        .... ○
                                        .... ○
                                        .... ○

FICHE N° ....

TITRE ....

....

GENRE ....
NB DE PAGES .... DATE DE SORTIE ....
AUTEUR / AUTEURE ....
EDITEUR ....
LECTURE DÉBUTÉE LE ....
TERMINÉE LE ....
BROCHÉ ○   POCHE ○   NUMÉRIQUE ○

ACHAT ○   PRÊTÉ PAR ○ ....
OFFERT PAR ○ .... SERVICE PRESSE ○
MÉDIATHÈQUE ○

>>> MON AVIS GÉNÉRAL   / 5

....
....
....
....
....

>>> CE QUE J'AI ADORÉ

....
....

>>> CE QUE J'AI MOINS AIMÉ

....
....

COUP DE COEUR ♡   IDÉE CADEAU POUR

.... ○
.... ○
.... ○

Fiche N° ....

Titre ....
....

Genre ....
Nb de pages .... Date de sortie ....
Auteur / auteure ....
Editeur ....
Lecture débutée le ....
Terminée le ....
Broché ○   poche ○   numérique ○

Achat ○   Prêté par ○ ....
Offert par ○ .... Service Presse ○
Médiathèque ○

》 Mon avis général   / 5

....
....
....
....
....

》 Ce que j'ai adoré
....
....

》 Ce que j'ai moins aimé
....
....

Coup de coeur ♡   Idée cadeau pour
.... ○
.... ○
.... ○

Fiche n° ....

Titre ....

....

Genre ....
Nb de pages........................... Date de sortie ....
Auteur / auteure ....
Editeur ....
Lecture débutée le ....
Terminée le ....
Broché ○   poche ○   numérique ○

Achat ○   Prêté par ○ ....
Offert par ○ .... Service Presse ○
Médiathèque ○

>> Mon avis général   / 5

....
....
....
....
....

>> Ce que j'ai adoré
....
....

>> Ce que j'ai moins aimé
....
....

Coup de coeur ♡   idée cadeau pour
                                   .... ○
                                   .... ○
                                   .... ○

Fiche N° ....

Titre ....

....

Genre ....
Nb de pages........................ Date de sortie ....
Auteur / auteure ....
Editeur ....
Lecture débutée le ....
Terminée le ....
Broché ○   poche ○   numérique ○

Achat ○   Prêté par ○..
Offert par ○ .... Service Presse ○
Médiathèque ○

》》 Mon avis général   / 5

....
....
....
....
....

》》 Ce que j'ai adoré

....
....

》》 Ce que j'ai moins aimé

....
....

Coup de coeur ♡   Idée cadeau pour

.... ○
.... ○
.... ○

Fiche N° ....

Titre ....

Genre ....
Nb de pages .... Date de sortie ....
Auteur / auteure ....
Editeur ....
Lecture débutée le ....
Terminée le ....
Broché ○   poche ○   numérique ○

Achat ○   Prêté par ○ ....
Offert par ○ .... Service Presse ○
Médiathèque ○

>>> Mon avis général   / 5

....
....
....
....
....

>>> Ce que j'ai adoré
....
....

>>> Ce que j'ai moins aimé
....
....

Coup de coeur ♡   Idée cadeau pour
.... ○
.... ○
.... ○

FICHE N° ....

TITRE ....
....

GENRE ....
NB DE PAGES .... DATE DE SORTIE ....
AUTEUR / AUTEURE ....
EDITEUR ....
LECTURE DÉBUTÉE LE ....
TERMINÉE LE ....
BROCHÉ ○   POCHE ○   NUMÉRIQUE ○

ACHAT ○   PRÊTÉ PAR ○ ....
OFFERT PAR ○ .... SERVICE PRESSE ○
MÉDIATHÈQUE ○

》 MON AVIS GÉNÉRAL   / 5

....
....
....
....
....

》 CE QUE J'AI ADORÉ

....
....

》 CE QUE J'AI MOINS AIMÉ

....
....

COUP DE COEUR ♡   IDÉE CADEAU POUR

.... ○
.... ○
.... ○

FICHE N° ....

TITRE ....

GENRE ....
NB DE PAGES .... DATE DE SORTIE ....
AUTEUR / AUTEURE ....
EDITEUR ....
LECTURE DÉBUTÉE LE ....
TERMINÉE LE ....
BROCHÉ ○   POCHE ○   NUMÉRIQUE ○

ACHAT ○   PRÊTÉ PAR ○ ....
OFFERT PAR ○ ....   SERVICE PRESSE ○
MÉDIATHÈQUE ○

》 MON AVIS GÉNÉRAL   / 5
....
....
....
....
....

》 CE QUE J'AI ADORÉ
....
....

》 CE QUE J'AI MOINS AIMÉ
....
....

COUP DE COEUR ♡   IDÉE CADEAU POUR
.... ○
.... ○
.... ○

Fiche N° ....

Titre ....
....

Genre ....
Nb de pages .... Date de sortie ....
Auteur / auteure ....
Editeur ....
Lecture débutée le ....
Terminée le ....
Broché ○   poche ○   numérique ○

Achat ○   Prêté par ○ ....
Offert par ○ .... Service Presse ○
Médiathèque ○

>> Mon avis général   📚 📚 📚 📚 📚 / 5

....
....
....
....
....

>> Ce que j'ai adoré

....
....

>> Ce que j'ai moins aimé

....
....

Coup de coeur ♡   idée cadeau pour
                                    .... ○
                                    .... ○
                                    .... ○

Fiche n° ....

Titre ....

Genre ....
Nb de pages............................ Date de sortie ....
Auteur / auteure ....
Editeur ....
Lecture débutée le ....
Terminée le ....
Broché ○   poche ○   numérique ○

Achat ○   Prêté par ○ ....
Offert par ○ ....   Service Presse ○
Médiathèque ○

》 Mon avis général   / 5

....
....
....
....
....

》 Ce que j'ai adoré

....
....

》 Ce que j'ai moins aimé

....
....

Coup de coeur ♡   Idée cadeau pour
                                    .... ○
                                    .... ○
                                    .... ○

Fiche n° ....

Titre ....
....

Genre ....
Nb de pages .... Date de sortie ....
Auteur / auteure ....
Editeur ....
Lecture débutée le ....
Terminée le ....
Broché ○   poche ○   numérique ○

Achat ○   Prêté par ○ ....
Offert par ○ .... Service Presse ○
Médiathèque ○

>>> Mon avis général   / 5
....
....
....
....
....

>>> Ce que j'ai adoré
....
....

>>> Ce que j'ai moins aimé
....
....

Coup de coeur ♡   Idée cadeau pour
.... ○
.... ○
.... ○

Fiche n° ....

Titre ....
....

Genre ....
Nb de pages .... Date de sortie ....
Auteur / auteure ....
Editeur ....
Lecture débutée le ....
Terminée le ....
Broché ○   poche ○   numérique ○

Achat ○   Prêté par ○ ....
Offert par ○ ....   Service Presse ○
Médiathèque ○

》 Mon avis général   📖📖📖📖📖   **/ 5**

....
....
....
....
....

》 Ce que j'ai adoré
....
....

》 Ce que j'ai moins aimé
....
....

Coup de coeur ♡   Idée cadeau pour
.... ○
.... ○
.... ○

Fiche N° ....

Titre ....
....

Genre ....
Nb de pages .... Date de sortie ....
Auteur / auteure ....
Editeur ....
Lecture débutée le ....
Terminée le ....
Broché ○   poche ○   numérique ○

Achat ○   Prêté par ○ ....
Offert par ○ .... Service Presse ○
Médiathèque ○

》》 Mon avis général   / 5

....
....
....
....
....

》》 Ce que j'ai adoré
....
....

》》 Ce que j'ai moins aimé
....
....

Coup de coeur ♡   idée cadeau pour
.... ○
.... ○
.... ○

Fiche n° ....

Titre ....

Genre ....
Nb de pages .... Date de sortie ....
Auteur / auteure ....
Editeur ....
Lecture débutée le ....
Terminée le ....
Broché ○   poche ○   numérique ○

Achat ○   Prêté par ○ ....
Offert par ○ ....   Service Presse ○
Médiathèque ○

》 Mon avis général   / 5

....
....
....
....
....

》 Ce que j'ai adoré
....
....

》 Ce que j'ai moins aimé
....
....

Coup de coeur ♡   Idée cadeau pour
                          .... ○
                          .... ○
                          .... ○

Fiche n° ....

Titre ....
....

Genre ....
Nb de pages .... Date de sortie ....
Auteur / auteure ....
Editeur ....
Lecture débutée le ....
Terminée le ....
Broché ○   poche ○   numérique ○

Achat ○   Prêté par ○ ....
Offert par ○ .... Service Presse ○
Médiathèque ○

》 Mon avis général   / 5

....
....
....
....
....

》 Ce que j'ai adoré
....
....

》 Ce que j'ai moins aimé
....
....

Coup de coeur ♡   Idée cadeau pour
.... ○
.... ○
.... ○

Fiche n° ....

Titre ....

....

Genre ....
Nb de pages........................... Date de sortie ....
Auteur / auteure ....
Editeur ....
Lecture débutée le ....
Terminée le ....
Broché ○   poche ○   numérique ○

Achat ○   Prêté par ○ ....
Offert par ○ .... Service Presse ○
Médiathèque ○

>> Mon avis général   / 5

....
....
....
....
....

>> Ce que j'ai adoré
....
....

>> Ce que j'ai moins aimé
....
....

Coup de coeur ♡   idée cadeau pour
.... ○
.... ○
.... ○

Fiche N° ....

Titre ....
....

Genre ....
Nb de pages .... Date de sortie ....
Auteur / auteure ....
Editeur ....
Lecture débutée le ....
Terminée le ....
Broché ○   poche ○   numérique ○

Achat ○   Prêté par ○ ....
Offert par ○ .... Service Presse ○
Médiathèque ○

>> Mon avis général   / 5

....
....
....
....
....

>> Ce que j'ai adoré

....
....

>> Ce que j'ai moins aimé

....
....

Coup de coeur ♡   Idée cadeau pour

.... ○
.... ○
.... ○

Fiche n° ....

Titre ....
....

Genre ....
Nb de pages .... **Date de sortie** ....
Auteur / auteure ....
Editeur ....
Lecture débutée le ....
Terminée le ....
Broché ○   poche ○   numérique ○

Achat ○   Prêté par ○ ....
Offert par ○ .... Service Presse ○
Médiathèque ○

》 **Mon avis général**   **/ 5**

....
....
....
....
....

》 **Ce que j'ai adoré**

....
....

》 **Ce que j'ai moins aimé**

....
....

Coup de coeur ♡   idée cadeau pour

.... ○
.... ○
.... ○

Fiche n° ....

Titre ....
....

Genre ....
Nb de pages .... Date de sortie ....
Auteur / auteure ....
Editeur ....
Lecture débutée le ....
Terminée le ....
Broché ○   poche ○   numérique ○

Achat ○   Prêté par ○ ....
Offert par ○ .... Service Presse ○
Médiathèque ○

》》 Mon avis général   / 5

....
....
....
....
....

》》 Ce que j'ai adoré
....
....

》》 Ce que j'ai moins aimé
....
....

Coup de coeur ♡   Idée cadeau pour
.... ○
.... ○
.... ○

FICHE N° ....

TITRE ....

GENRE ....
NB DE PAGES .... DATE DE SORTIE ....
AUTEUR / AUTEURE ....
EDITEUR ....
LECTURE DÉBUTÉE LE ....
TERMINÉE LE ....
BROCHÉ ○   POCHE ○   NUMÉRIQUE ○

ACHAT ○   PRÊTÉ PAR ○ ....
OFFERT PAR ○ .... SERVICE PRESSE ○
MÉDIATHÈQUE ○

》 MON AVIS GÉNÉRAL   / 5

....
....
....
....
....

》 CE QUE J'AI ADORÉ
....
....

》 CE QUE J'AI MOINS AIMÉ
....
....

COUP DE COEUR ♡   IDÉE CADEAU POUR
                                        .... ○
                                        .... ○
                                        .... ○

Fiche n° ....

Titre ....
....

Genre ....
Nb de pages .... Date de sortie ....
Auteur / auteure ....
Editeur ....
Lecture débutée le ....
Terminée le ....
Broché ○   poche ○   numérique ○

Achat ○   Prêté par ○ ....
Offert par ○ .... Service Presse ○
Médiathèque ○

》 Mon avis général   / 5

....
....
....
....
....

》 Ce que j'ai adoré
....
....

》 Ce que j'ai moins aimé
....
....

Coup de coeur ♡   Idée cadeau pour
.... ○
.... ○
.... ○

Fiche N° ....

Titre ....
....

Genre ....
Nb de pages .... Date de sortie ....
Auteur / auteure ....
Editeur ....
Lecture débutée le ....
Terminée le ....
Broché ○   poche ○   numérique ○

Achat ○   Prêté par ○ ....
Offert par ○ .... Service Presse ○
Médiathèque ○

>> Mon avis général   / 5

....
....
....
....
....

>> Ce que j'ai adoré
....
....

>> Ce que j'ai moins aimé
....
....

Coup de coeur ♡   idée cadeau pour
                                         .... ○
                                         .... ○
                                         .... ○

Fiche N° ....

Titre ....

Genre ....
Nb de pages............................. Date de sortie ....
Auteur / auteure ....
Editeur ....
Lecture débutée le ....
Terminée le ....
Broché ○   poche ○   numérique ○

Achat ○   Prêté par ○ ....
Offert par ○ ....   Service Presse ○
Médiathèque ○

Mon avis général   / 5

....
....
....
....
....

Ce que j'ai adoré

....
....

Ce que j'ai moins aimé

....
....

Coup de coeur ♡   Idée cadeau pour

.... ○
.... ○
.... ○

Fiche n° ....

Titre ....
....

Genre ....
Nb de pages.......................... Date de sortie ....
Auteur / auteure ....
Editeur ....
Lecture débutée le ....
Terminée le ....
Broché ○   poche ○   numérique ○

Achat ○   Prêté par ○ ....
Offert par ○ .... Service Presse ○
Médiathèque ○

》 Mon avis général   / 5

....
....
....
....
....

》 Ce que j'ai adoré

....
....

》 Ce que j'ai moins aimé

....
....

Coup de coeur ♡   idée cadeau pour

.... ○
.... ○
.... ○

FICHE N° ....

TITRE ....

....

GENRE ....
NB DE PAGES .... DATE DE SORTIE ....
AUTEUR / AUTEURE ....
EDITEUR ....
LECTURE DÉBUTÉE LE ....
TERMINÉE LE ....
BROCHÉ ○   POCHE ○   NUMÉRIQUE ○

ACHAT ○   PRÊTÉ PAR ○ ....
OFFERT PAR ○ .... SERVICE PRESSE ○
MÉDIATHÈQUE ○

>>> MON AVIS GÉNÉRAL   / 5

....
....
....
....
....

>>> CE QUE J'AI ADORÉ

....
....

>>> CE QUE J'AI MOINS AIMÉ

....
....

COUP DE COEUR ♡   IDÉE CADEAU POUR

.... ○
.... ○
.... ○

Fiche n° ....

Titre ....
....

Genre ....
Nb de pages.............................. Date de sortie ....
Auteur / auteure ....
Editeur ....
Lecture débutée le ....
Terminée le ....
Broché ◯   poche ◯   numérique ◯

Achat ◯   Prêté par ◯ ....
Offert par ◯ .... Service Presse ◯
Médiathèque ◯

⟫ Mon avis général   / 5

....
....
....
....
....

⟫ Ce que j'ai adoré
....
....

⟫ Ce que j'ai moins aimé
....
....

Coup de coeur ♡   idée cadeau pour
                              .... ◯
                              .... ◯
                              .... ◯

Fiche N° ....

Titre ....

Genre ....
Nb de pages............................ Date de sortie ....
Auteur / auteure ....
Editeur ....
Lecture débutée le ....
Terminée le ....
Broché ○   poche ○   numérique ○

Achat ○   Prêté par ○..
Offert par ○ .... Service Presse ○
Médiathèque ○

>>> Mon avis général   / 5

....
....
....
....
....

>>> Ce que j'ai adoré
....
....

>>> Ce que j'ai moins aimé
....
....

Coup de coeur ♡   Idée cadeau pour
.... ○
.... ○
.... ○

FICHE N° ....

TITRE ....

GENRE ....
NB DE PAGES .... DATE DE SORTIE ....
AUTEUR / AUTEURE ....
EDITEUR ....
LECTURE DÉBUTÉE LE ....
TERMINÉE LE ....
BROCHÉ ○   POCHE ○   NUMÉRIQUE ○

ACHAT ○   PRÊTÉ PAR ○ ....
OFFERT PAR ○ ....   SERVICE PRESSE ○
MÉDIATHÈQUE ○

》 MON AVIS GÉNÉRAL   / 5

....
....
....
....
....

》 CE QUE J'AI ADORÉ
....
....

》 CE QUE J'AI MOINS AIMÉ
....
....

COUP DE COEUR ♡   IDÉE CADEAU POUR
.... ○
.... ○
.... ○

Fiche N° ....

Titre ....
....

Genre ....
Nb de pages .... Date de sortie ....
Auteur / auteure ....
Editeur ....
Lecture débutée le ....
Terminée le ....
Broché ○   poche ○   numérique ○

Achat ○   Prêté par ○ ....
Offert par ○ ....   Service Presse ○
Médiathèque ○

≫ Mon avis général   / 5

....
....
....
....
....

≫ Ce que j'ai adoré

....
....

≫ Ce que j'ai moins aimé

....
....

Coup de coeur ♡   Idée cadeau pour

.... ○
.... ○
.... ○

Fiche n° ....

Titre ....
....

Genre ....
Nb de pages .... Date de sortie ....
Auteur / auteure ....
Editeur ....
Lecture débutée le ....
Terminée le ....
Broché ○   poche ○   numérique ○

Achat ○   Prêté par ○ ....
Offert par ○ .... Service Presse ○
Médiathèque ○

》 Mon avis général   / 5

....
....
....
....
....

》 Ce que j'ai adoré
....
....

》 Ce que j'ai moins aimé
....
....

Coup de coeur ♡   Idée cadeau pour
.... ○
.... ○
.... ○

Fiche n° ....

Titre ....
....

Genre ....
Nb de pages............................ Date de sortie ....
Auteur / auteure ....
Editeur ....
Lecture débutée le ....
Terminée le ....
Broché ○   poche ○   numérique ○

Achat ○   Prêté par ○ ....
Offert par ○ .... Service Presse ○
Médiathèque ○

》 Mon avis général   / 5

....
....
....
....
....

》 Ce que j'ai adoré

....
....

》 Ce que j'ai moins aimé

....
....

Coup de coeur ♡   Idée cadeau pour
                                  .... ○
                                  .... ○
                                  .... ○

FICHE N° ....

TITRE ....
....

GENRE ....
NB DE PAGES .... DATE DE SORTIE ....
AUTEUR / AUTEURE ....
EDITEUR ....
LECTURE DÉBUTÉE LE ....
TERMINÉE LE ....
BROCHÉ ○   POCHE ○   NUMÉRIQUE ○

ACHAT ○   PRÊTÉ PAR ○ ....
OFFERT PAR ○ ....   SERVICE PRESSE ○
MÉDIATHÈQUE ○

》 MON AVIS GÉNÉRAL   / 5

....
....
....
....
....

》 CE QUE J'AI ADORÉ

....
....

》 CE QUE J'AI MOINS AIMÉ

....
....

COUP DE COEUR ♡   IDÉE CADEAU POUR

.... ○
.... ○
.... ○

FICHE N° ....

TITRE ....

GENRE ....
NB DE PAGES .... DATE DE SORTIE ....
AUTEUR / AUTEURE ....
EDITEUR ....
LECTURE DÉBUTÉE LE ....
TERMINÉE LE ....
BROCHÉ ○   POCHE ○   NUMÉRIQUE ○

ACHAT ○   PRÊTÉ PAR ○ ....
OFFERT PAR ○ .... SERVICE PRESSE ○
MÉDIATHÈQUE ○

>>> MON AVIS GÉNÉRAL   / 5

....
....
....
....
....

>>> CE QUE J'AI ADORÉ

....
....

>>> CE QUE J'AI MOINS AIMÉ

....
....

COUP DE COEUR ♡   IDÉE CADEAU POUR
                                          .... ○
                                          .... ○
                                          .... ○

Fiche n° ....

Titre ....

Genre ....
Nb de pages .... Date de sortie ....
Auteur / auteure ....
Editeur ....
Lecture débutée le ....
Terminée le ....
Broché ○   poche ○   numérique ○

Achat ○   Prêté par ○ ....
Offert par ○ ....   Service Presse ○
Médiathèque ○

》 Mon avis général   / 5

....
....
....
....
....

》 Ce que j'ai adoré

....
....

》 Ce que j'ai moins aimé

....
....

Coup de coeur ♡   Idée cadeau pour
.... ○
.... ○
.... ○

Fiche N° ....

Titre ....

....

Genre ....
Nb de pages............................ Date de sortie ....
Auteur / auteure ....
Editeur ....
Lecture débutée le ....
Terminée le ....
Broché ○   poche ○   numérique ○

Achat ○   Prêté par ○ ....
Offert par ○ .... Service Presse ○
Médiathèque ○

>>> Mon avis général   / 5

....
....
....
....
....

>>> Ce que j'ai adoré

....
....

>>> Ce que j'ai moins aimé

....
....

Coup de coeur ♡   Idée cadeau pour

.... ○
.... ○
.... ○

FICHE N° ....

Titre ....

Genre ....
Nb de pages .... Date de sortie ....
Auteur / auteure ....
Editeur ....
Lecture débutée le ....
Terminée le ....
Broché ○   poche ○   numérique ○

Achat ○   Prêté par ○ ....
Offert par ○ ....   Service Presse ○
Médiathèque ○

》 Mon avis général   / 5

....
....
....
....
....

》 Ce que j'ai adoré
....
....

》 Ce que j'ai moins aimé
....
....

Coup de coeur ♡   Idée cadeau pour
.... ○
.... ○
.... ○

Fiche n° ....

Titre ....
....

Genre ....
Nb de pages............................ Date de sortie ....
Auteur / auteure ....
Editeur ....
Lecture débutée le ....
Terminée le ....
Broché ○   poche ○   numérique ○

Achat ○   Prêté par ○ ....
Offert par ○ .... Service Presse ○
Médiathèque ○

>>> Mon avis général   📖 📖 📖 📖 📖   / 5

....
....
....
....
....

>>> Ce que j'ai adoré

....
....

>>> Ce que j'ai moins aimé

....
....

Coup de coeur ♡   idée cadeau pour
                                   .... ○
                                   .... ○
                                   .... ○

Fiche n° ....

Titre ....

....

Genre ....
Nb de pages............................. Date de sortie ....
Auteur / auteure ....
Editeur ....
Lecture débutée le ....
Terminée le ....
Broché ○   poche ○   numérique ○

Achat ○   Prêté par ○ ....
Offert par ○ .... Service Presse ○
Médiathèque ○

》 Mon avis général   📖 📖 📖 📖 📖   / 5

....
....
....
....
....

》 Ce que j'ai adoré

....
....

》 Ce que j'ai moins aimé

....
....

Coup de coeur ♡   Idée cadeau pour

.... ○
.... ○
.... ○

Fiche n° ....

Titre ....
....

Genre ....
Nb de pages .... Date de sortie ....
Auteur / auteure ....
Editeur ....
Lecture débutée le ....
Terminée le ....
Broché ○   poche ○   numérique ○

Achat ○   Prêté par ○ ....
Offert par ○ .... Service Presse ○
Médiathèque ○

》 Mon avis général   / 5

....
....
....
....
....

》 Ce que j'ai adoré
....
....

》 Ce que j'ai moins aimé
....
....

Coup de coeur ♡   Idée cadeau pour
.... ○
.... ○
.... ○

Fiche n° ....

Titre ....

Genre ....
Nb de pages .... Date de sortie ....
Auteur / auteure ....
Editeur ....
Lecture débutée le ....
Terminée le ....
Broché ○   poche ○   numérique ○

Achat ○   Prêté par ○ ....
Offert par ○ .... Service Presse ○
Médiathèque ○

>>> Mon avis général   / 5

....
....
....
....
....

>>> Ce que j'ai adoré
....
....

>>> Ce que j'ai moins aimé
....
....

Coup de coeur ♡   idée cadeau pour
.... ○
.... ○
.... ○

Fiche N° ....

Titre ....
....

Genre ....
Nb de pages .... Date de sortie ....
Auteur / auteure ....
Editeur ....
Lecture débutée le ....
Terminée le ....
Broché ○   poche ○   numérique ○

Achat ○   Prêté par ○ ....
Offert par ○ .... Service Presse ○
Médiathèque ○

》》 Mon avis général   /5

....
....
....
....
....

》》 Ce que j'ai adoré
....
....

》》 Ce que j'ai moins aimé
....
....

Coup de coeur ♡   Idée cadeau pour
.... ○
.... ○
.... ○

Fiche n° ....

Titre ....

....

Genre ....
Nb de pages........................... Date de sortie ....
Auteur / auteure ....
Editeur ....
Lecture débutée le ....
Terminée le ....

Broché ○   poche ○   numérique ○

Achat ○   Prêté par ○ ....
Offert par ○ .... Service Presse ○
Médiathèque ○

》 Mon avis général   / 5

....
....
....
....
....

》 Ce que j'ai adoré

....
....

》 Ce que j'ai moins aimé

....
....

Coup de coeur ♡   Idée cadeau pour

.... ○
.... ○
.... ○

FICHE N° ....

TITRE ....
....

GENRE ....
NB DE PAGES............................ DATE DE SORTIE ....
AUTEUR / AUTEURE ....
EDITEUR ....
LECTURE DÉBUTÉE LE ....
TERMINÉE LE ....
BROCHÉ ○   POCHE ○   NUMÉRIQUE ○

ACHAT ○   PRÊTÉ PAR ○ ....
OFFERT PAR ○ .... SERVICE PRESSE ○
MÉDIATHÈQUE ○

》》 MON AVIS GÉNÉRAL   / 5

....
....
....
....
....

》》 CE QUE J'AI ADORÉ
....
....

》》 CE QUE J'AI MOINS AIMÉ
....
....

COUP DE COEUR ♡   IDÉE CADEAU POUR
.... ○
.... ○
.... ○

Fiche n° ....

Titre ....
....

Genre ....
Nb de pages .... Date de sortie ....
Auteur / auteure ....
Editeur ....
Lecture débutée le ....
Terminée le ....
Broché ○   poche ○   numérique ○

Achat ○   Prêté par ○ ....
Offert par ○ .... Service Presse ○
Médiathèque ○

》 Mon avis général   📖 📖 📖 📖 📖   / 5

....
....
....
....
....

》 Ce que j'ai adoré
....
....

》 Ce que j'ai moins aimé
....
....

Coup de coeur ♡   idée cadeau pour
.... ○
.... ○
.... ○

Fiche n° ....

Titre ....
....

Genre ....
Nb de pages .... Date de sortie ....
Auteur / auteure ....
Editeur ....
Lecture débutée le ....
Terminée le ....
Broché ○   poche ○   numérique ○

Achat ○   Prêté par ○ ....
Offert par ○ ....   Service Presse ○
Médiathèque ○

>>> Mon avis général   / 5

....
....
....
....
....

>>> Ce que j'ai adoré
....
....

>>> Ce que j'ai moins aimé
....
....

Coup de coeur ♡   Idée cadeau pour
.... ○
.... ○
.... ○

Fiche N° ....

Titre ....
....

Genre ....
Nb de pages .... Date de sortie ....
Auteur / auteure ....
Editeur ....
Lecture débutée le ....
Terminée le ....

Broché ○   poche ○   numérique ○

Achat ○   Prêté par ○ ....
Offert par ○ .... Service Presse ○
Médiathèque ○

≫ Mon avis général   📖 📖 📖 📖 📖 / 5

....
....
....
....
....

≫ Ce que j'ai adoré
....
....

≫ Ce que j'ai moins aimé
....
....

Coup de coeur ♡   Idée cadeau pour
                                    .... ○
                                    .... ○
                                    .... ○

Fiche n° ....

Titre ....
....

Genre ....
Nb de pages .... Date de sortie ....
Auteur / auteure ....
Editeur ....
Lecture débutée le ....
Terminée le ....
Broché ○   poche ○   numérique ○

Achat ○   Prêté par ○ ....
Offert par ○ .... Service Presse ○
Médiathèque ○

》 Mon avis général 　　　　　　　　　 / 5

....
....
....
....
....

》 Ce que j'ai adoré
....
....

》 Ce que j'ai moins aimé
....
....

Coup de coeur ♡   idée cadeau pour
                                     .... ○
                                     .... ○
                                     .... ○

Fiche N° ....

TITRE ....
....

GENRE ....
NB DE PAGES .... DATE DE SORTIE ....
AUTEUR / AUTEURE ....
EDITEUR ....
LECTURE DÉBUTÉE LE ....
TERMINÉE LE ....
BROCHÉ ○ POCHE ○ NUMÉRIQUE ○

ACHAT ○ PRÊTÉ PAR ○ ....
OFFERT PAR ○ .... SERVICE PRESSE ○
MÉDIATHÈQUE ○

>> MON AVIS GÉNÉRAL   / 5

....
....
....
....
....

>> CE QUE J'AI ADORÉ

....
....

>> CE QUE J'AI MOINS AIMÉ

....
....

COUP DE COEUR ♡   IDÉE CADEAU POUR

.... ○
.... ○
.... ○

Fiche N° ....

Titre ....

....

Genre ....
Nb de pages .... Date de sortie ....
Auteur / auteure ....
Editeur ....
Lecture débutée le ....
Terminée le ....
Broché ○   poche ○   numérique ○

Achat ○   Prêté par ○ ....
Offert par ○ .... Service Presse ○
Médiathèque ○

》 Mon avis général   / 5

....
....
....
....
....

》 Ce que j'ai adoré

....
....

》 Ce que j'ai moins aimé

....
....

Coup de coeur ♡   Idée cadeau pour

.... ○
.... ○
.... ○

Fiche n° ....

Titre ....
....

Genre ....
Nb de pages .... Date de sortie ....
Auteur / auteure ....
Editeur ....
Lecture débutée le ....
Terminée le ....
Broché ○   poche ○   numérique ○

Achat ○   Prêté par ○ ....
Offert par ○ .... Service Presse ○
Médiathèque ○

》 Mon avis général   **/ 5**

....
....
....
....
....

》 Ce que j'ai adoré
....
....

》 Ce que j'ai moins aimé
....
....

Coup de coeur ♡   Idée cadeau pour
.... ○
.... ○
.... ○

Fiche n° ....

Titre ....

....

Genre ....
Nb de pages........................ Date de sortie ....
Auteur / auteure ....
Editeur ....
Lecture débutée le ....
Terminée le ....
Broché ○   poche ○   numérique ○

Achat ○   Prêté par ○ ....
Offert par ○ .... Service Presse ○
Médiathèque ○

>>> Mon avis général   / 5

....
....
....
....
....

>>> Ce que j'ai adoré
....
....

>>> Ce que j'ai moins aimé
....
....

Coup de coeur ♡   Idée cadeau pour
.... ○
.... ○
.... ○

Fiche n° ....

Titre ....
....

Genre ....
Nb de pages .... Date de sortie ....
Auteur / auteure ....
Editeur ....
Lecture débutée le ....
Terminée le ....
Broché ○   poche ○   numérique ○

Achat ○   Prêté par ○ ....
Offert par ○ .... Service Presse ○
Médiathèque ○

>> Mon avis général   / 5
....
....
....
....
....

>> Ce que j'ai adoré
....
....

>> Ce que j'ai moins aimé
....
....

Coup de coeur ♡   Idée cadeau pour
                       .... ○
                       .... ○
                       .... ○

Fiche N° ....

TITRE ....

....

GENRE ....
NB DE PAGES .... DATE DE SORTIE ....
AUTEUR / AUTEURE ....
EDITEUR ....
LECTURE DÉBUTÉE LE ....
TERMINÉE LE ....
BROCHÉ ○   POCHE ○   NUMÉRIQUE ○

ACHAT ○   PRÊTÉ PAR ○ ....
OFFERT PAR ○ .... SERVICE PRESSE ○
MÉDIATHÈQUE ○

>> MON AVIS GÉNÉRAL   / 5

....
....
....
....
....

>> CE QUE J'AI ADORÉ

....
....

>> CE QUE J'AI MOINS AIMÉ

....
....

COUP DE COEUR ♡   IDÉE CADEAU POUR

.... ○
.... ○
.... ○

Fiche n° ....

Titre ....
....

Genre ....
Nb de pages .... Date de sortie ....
Auteur / auteure ....
Editeur ....
Lecture débutée le ....
Terminée le ....
Broché ○   poche ○   numérique ○

Achat ○   Prêté par ○ ....
Offert par ○ .... Service Presse ○
Médiathèque ○

》 Mon avis général   / 5

....
....
....
....
....

》 Ce que j'ai adoré
....
....

》 Ce que j'ai moins aimé
....
....

Coup de coeur ♡   idée cadeau pour
.... ○
.... ○
.... ○

Fiche n° ....

Titre ....

....

Genre ....
Nb de pages............................ Date de sortie ....
Auteur / auteure ....
Editeur ....
Lecture débutée le ....
Terminée le ....
Broché ○   poche ○   numérique ○

Achat ○   Prêté par ○..
Offert par ○ .... Service Presse ○
Médiathèque ○

》 Mon avis général   / 5

....
....
....
....
....

》 Ce que j'ai adoré
....
....

》 Ce que j'ai moins aimé
....
....

Coup de coeur ♡   Idée cadeau pour
                                    .... ○
                                    .... ○
                                    .... ○

Fiche n° ....

Titre ....

Genre ....
Nb de pages .... **Date de sortie** ....
Auteur / auteure ....
Editeur ....
Lecture débutée le ....
Terminée le ....
Broché ○   poche ○   numérique ○

Achat ○   Prêté par ○ ....
Offert par ○ .... Service Presse ○
Médiathèque ○

>> **Mon avis général**   / 5

....
....
....
....
....

>> **Ce que j'ai adoré**
....
....

>> **Ce que j'ai moins aimé**
....
....

Coup de coeur ♡   idée cadeau pour
                        .... ○
                        .... ○
                        .... ○

Fiche n° ....

Titre ....
....

Genre ....
Nb de pages........................... Date de sortie ....
Auteur / auteure ....
Editeur ....
Lecture débutée le ....
Terminée le ....
Broché ○   poche ○   numérique ○

Achat ○   Prêté par ○ ....
Offert par ○ .... Service Presse ○
Médiathèque ○

》 Mon avis général   / 5

....
....
....
....
....

》 Ce que j'ai adoré

....
....

》 Ce que j'ai moins aimé

....
....

Coup de coeur ♡   Idée cadeau pour ....

.... ○
.... ○
.... ○

Fiche n° ....

Titre ....
....

Genre ....
Nb de pages .... Date de sortie ....
Auteur / auteure ....
Editeur ....
Lecture débutée le ....
Terminée le ....
Broché ○   poche ○   numérique ○

Achat ○   Prêté par ○ ....
Offert par ○ .... Service Presse ○
Médiathèque ○

≫ Mon avis général   / 5

....
....
....
....
....

≫ Ce que j'ai adoré
....
....

≫ Ce que j'ai moins aimé
....
....

Coup de coeur ♡   Idée cadeau pour
                        .... ○
                        .... ○
                        .... ○

Fiche n° ....

Titre ....
....

Genre ....
Nb de pages............................ Date de sortie ....
Auteur / auteure ....
Editeur ....
Lecture débutée le ....
Terminée le ....
Broché ○   poche ○   numérique ○

Achat ○   Prêté par ○..
Offert par ○ .... Service Presse ○
Médiathèque ○

》 Mon avis général   / 5

....
....
....
....
....

》 Ce que j'ai adoré
....
....

》 Ce que j'ai moins aimé
....
....

Coup de coeur ♡   Idée cadeau pour
                        .... ○
                        .... ○
                        .... ○

Fiche n° ....

Titre ....
....

Genre ....
Nb de pages .... Date de sortie ....
Auteur / auteure ....
Editeur ....
Lecture débutée le ....
Terminée le ....
Broché ○   poche ○   numérique ○

Achat ○   Prêté par ○ ....
Offert par ○ .... Service Presse ○
Médiathèque ○

》 Mon avis général   / 5
....
....
....
....
....

》 Ce que j'ai adoré
....
....

》 Ce que j'ai moins aimé
....
....

Coup de coeur ♡   idée cadeau pour
                                     .... ○
                                     .... ○
                                     .... ○

FICHE N° ....

TITRE ....

....

GENRE ....
NB DE PAGES .... DATE DE SORTIE ....
AUTEUR / AUTEURE ....
EDITEUR ....
LECTURE DÉBUTÉE LE ....
TERMINÉE LE ....
BROCHÉ ⭕   POCHE ⭕   NUMÉRIQUE ⭕

ACHAT ⭕   PRÊTÉ PAR ⭕ ....
OFFERT PAR ⭕ .... SERVICE PRESSE ⭕
MÉDIATHÈQUE ⭕

》》 MON AVIS GÉNÉRAL 📚 📚 📚 📚 📚 / 5

....
....
....
....
....

》》 CE QUE J'AI ADORÉ

....
....

》》 CE QUE J'AI MOINS AIMÉ

....
....

COUP DE COEUR ♡   IDÉE CADEAU POUR

.... ⭕
.... ⭕
.... ⭕

FICHE N° ....

TITRE ....

GENRE ....
NB DE PAGES........................... DATE DE SORTIE ....
AUTEUR / AUTEURE ....
EDITEUR ....
LECTURE DÉBUTÉE LE ....
TERMINÉE LE ....
BROCHÉ ○   POCHE ○   NUMÉRIQUE ○

ACHAT ○   PRÊTÉ PAR ○..
OFFERT PAR ○ .... SERVICE PRESSE ○
MÉDIATHÈQUE ○

>> MON AVIS GÉNÉRAL   / 5

....
....
....
....
....

>> CE QUE J'AI ADORÉ

....
....

>> CE QUE J'AI MOINS AIMÉ

....
....

COUP DE COEUR ♡   IDÉE CADEAU POUR

.... ○
.... ○
.... ○

FICHE N° ....

TITRE ....
....

GENRE ....
NB DE PAGES .... DATE DE SORTIE ....
AUTEUR / AUTEURE ....
EDITEUR ....
LECTURE DÉBUTÉE LE ....
TERMINÉE LE ....
BROCHÉ ○   POCHE ○   NUMÉRIQUE ○

ACHAT ○   PRÊTÉ PAR ○ ....
OFFERT PAR ○ .... SERVICE PRESSE ○
MÉDIATHÈQUE ○

》》 MON AVIS GÉNÉRAL   / 5

....
....
....
....
....

》》 CE QUE J'AI ADORÉ
....
....

》》 CE QUE J'AI MOINS AIMÉ
....
....

COUP DE COEUR ♡   IDÉE CADEAU POUR
.... ○
.... ○
.... ○

Fiche n° ....

Titre ....

Genre ....
Nb de pages............................. Date de sortie ....
Auteur / auteure ....
Editeur ....
Lecture débutée le ....
Terminée le ....
Broché ○   poche ○   numérique ○

Achat ○   Prêté par ○ ....
Offert par ○ .... Service Presse ○
Médiathèque ○

>> Mon avis général   / 5

....
....
....
....
....

>> Ce que j'ai adoré
....
....

>> Ce que j'ai moins aimé
....
....

Coup de coeur ♡   Idée cadeau pour
.... ○
.... ○
.... ○

Fiche N° ....

Titre ....
....

Genre ....
Nb de pages.......................... Date de sortie ....
Auteur / auteure ....
Editeur ....
Lecture débutée le ....
Terminée le ....
Broché ○   poche ○   numérique ○

Achat ○   Prêté par ○...
Offert par ○ .... Service Presse ○
Médiathèque ○

≫ Mon avis général   / 5

....
....
....
....
....

≫ Ce que j'ai adoré

....
....

≫ Ce que j'ai moins aimé

....
....

Coup de coeur ♡   idée cadeau pour
                       .... ○
                       .... ○
                       .... ○

Fiche n° ....

Titre ....
....

Genre ....
Nb de pages .... **Date de sortie** ....
Auteur / auteure ....
Editeur ....
Lecture débutée le ....
Terminée le ....
Broché ○　　　poche ○　　　numérique ○

Achat ○　　Prêté par ○ ....
Offert par ○ .... Service Presse ○
Médiathèque ○

》 **Mon avis général**　　　　　　　　　　　　　**/ 5**

....
....
....
....
....

》 **Ce que j'ai adoré**

....
....

》 **Ce que j'ai moins aimé**

....
....

Coup de coeur ♡　　　idée cadeau pour
　　　　　　　　　　　.. ○
　　　　　　　　　　　.. ○
　　　　　　　　　　　.. ○

Fiche N° ....

Titre ....
....

Genre ....
Nb de pages .... Date de sortie ....
Auteur / auteure ....
Editeur ....
Lecture débutée le ....
Terminée le ....
Broché ○   poche ○   numérique ○

Achat ○   Prêté par ○..
Offert par ○ .... Service Presse ○
Médiathèque ○

>>> Mon avis général   / 5

....
....
....
....
....

>>> Ce que j'ai adoré
....
....

>>> Ce que j'ai moins aimé
....
....

Coup de coeur ♡   Idée cadeau pour
.... ○
.... ○
.... ○

Fiche n° ....

Titre ....

Genre ....
Nb de pages .... Date de sortie ....
Auteur / auteure ....
Editeur ....
Lecture débutée le ....
Terminée le ....
Broché ○   poche ○   numérique ○

Achat ○   Prêté par ○ ....
Offert par ○ .... Service Presse ○
Médiathèque ○

》 Mon avis général   / 5

....
....
....
....
....

》 Ce que j'ai adoré
....
....

》 Ce que j'ai moins aimé
....
....

Coup de coeur ♡   Idée cadeau pour
.... ○
.... ○
.... ○

Fiche N° ....

Titre ....

....

Genre ....
Nb de pages .... Date de sortie ....
Auteur / auteure ....
Editeur ....
Lecture débutée le ....
Terminée le ....
Broché ○   poche ○   numérique ○

Achat ○   Prêté par ○ ....
Offert par ○ .... Service Presse ○
Médiathèque ○

》》 Mon avis général   📖 📖 📖 📖 📖   / 5

....
....
....
....
....

》》 Ce que j'ai adoré

....
....

》》 Ce que j'ai moins aimé

....
....

Coup de coeur ♡   Idée cadeau pour

.... ○
.... ○
.... ○

FICHE N° ....

TITRE ....
....

GENRE ....
NB DE PAGES .... DATE DE SORTIE ....
AUTEUR / AUTEURE ....
EDITEUR ....
LECTURE DÉBUTÉE LE ....
TERMINÉE LE ....
BROCHÉ ○   POCHE ○   NUMÉRIQUE ○

ACHAT ○   PRÊTÉ PAR ○ ....
OFFERT PAR ○ ....   SERVICE PRESSE ○
MÉDIATHÈQUE ○

》 MON AVIS GÉNÉRAL   / 5

....
....
....
....
....

》 CE QUE J'AI ADORÉ

....
....

》 CE QUE J'AI MOINS AIMÉ

....
....

COUP DE COEUR ♡   IDÉE CADEAU POUR

.... ○
.... ○
.... ○

Fiche n° ....

Titre ....

....

Genre ....
Nb de pages .... Date de sortie ....
Auteur / auteure ....
Editeur ....
Lecture débutée le ....
Terminée le ....
Broché ○   poche ○   numérique ○

Achat ○   Prêté par ○ ....
Offert par ○ .... Service Presse ○
Médiathèque ○

>>> Mon avis général   / 5

....
....
....
....
....

>>> Ce que j'ai adoré

....
....

>>> Ce que j'ai moins aimé

....
....

Coup de coeur ♡   idée cadeau pour

.... ○
.... ○
.... ○

Fiche n° ....

Titre ....
....

Genre ....
Nb de pages .... Date de sortie ....
Auteur / auteure ....
Editeur ....
Lecture débutée le ....
Terminée le ....
Broché ○   poche ○   numérique ○

Achat ○   Prêté par ○ ....
Offert par ○ .... Service Presse ○
Médiathèque ○

≫ Mon avis général   / 5

....
....
....
....
....

≫ Ce que j'ai adoré
....
....

≫ Ce que j'ai moins aimé
....
....

Coup de coeur ♡   idée cadeau pour
                                    .... ○
                                    .... ○
                                    .... ○

Fiche N° ....

Titre ....

....
Genre ....
Nb de pages .... Date de sortie ....
Auteur / auteure ....
Editeur ....
Lecture débutée le ....
Terminée le ....
Broché ⃝   poche ⃝   numérique ⃝

Achat ⃝   Prêté par ⃝ ....
Offert par ⃝ .... Service Presse ⃝
Médiathèque ⃝

》》 Mon avis général   / 5

....
....
....
....
....

》》 Ce que j'ai adoré

....
....

》》 Ce que j'ai moins aimé

....
....

Coup de coeur ♡   Idée cadeau pour

.... ⃝
.... ⃝
.... ⃝

Fiche n° ....

Titre ....

Genre ....
Nb de pages .... Date de sortie ....
Auteur / auteure ....
Editeur ....
Lecture débutée le ....
Terminée le ....
Broché ○   poche ○   numérique ○

Achat ○   Prêté par ○ ....
Offert par ○ .... Service Presse ○
Médiathèque ○

》 Mon avis général   **/ 5**

....
....
....
....
....

》 Ce que j'ai adoré

....
....

》 Ce que j'ai moins aimé

....
....

Coup de coeur ♡   idée cadeau pour
.... ○
.... ○
.... ○

Fiche N° ....

Titre ....
....

Genre ....
Nb de pages............................ Date de sortie ....
Auteur / auteure ....
Editeur ....
Lecture débutée le ....
Terminée le ....
Broché ○   poche ○   numérique ○

Achat ○   Prêté par ○..
Offert par ○ ....   Service Presse ○
Médiathèque ○

》 Mon avis général   / 5

....
....
....
....
....

》 Ce que j'ai adoré
....
....

》 Ce que j'ai moins aimé
....
....

Coup de coeur ♡   Idée cadeau pour
.... ○
.... ○
.... ○

Fiche n° ....

Titre ....
....

Genre ....
Nb de pages.......................... Date de sortie ....
Auteur / auteure ....
Editeur ....
Lecture débutée le ....
Terminée le ....
Broché ○   poche ○   numérique ○

Achat ○   Prêté par ○..
Offert par ○ .... Service Presse ○
Médiathèque ○

>>> Mon avis général   / 5

....
....
....
....
....

>>> Ce que j'ai adoré
....
....

>>> Ce que j'ai moins aimé
....
....

Coup de coeur ♡   Idée cadeau pour
                         .... ○
                         .... ○
                         .... ○

Fiche N° ....

Titre ....

....

Genre ....
Nb de pages.............................. Date de sortie ....
Auteur / auteure ....
Editeur ....
Lecture débutée le ....
Terminée le ....
Broché ○   poche ○   numérique ○

Achat ○   Prêté par ○ ....
Offert par ○ ....   Service Presse ○
Médiathèque ○

》 Mon avis général   / 5

....
....
....
....
....

》 Ce que j'ai adoré
....
....

》 Ce que j'ai moins aimé
....
....

Coup de coeur ♡   Idée cadeau pour
                                  .... ○
                                  .... ○
                                  .... ○

Fiche n° ....

Titre ....
....

Genre ....
Nb de pages........................... Date de sortie ....
Auteur / auteure ....
Editeur ....
Lecture débutée le ....
Terminée le ....
Broché ○   poche ○   numérique ○

Achat ○   Prêté par ○ ....
Offert par ○ .... Service Presse ○
Médiathèque ○

》 Mon avis général   / 5

....
....
....
....
....

》 Ce que j'ai adoré
....
....

》 Ce que j'ai moins aimé
....
....

Coup de coeur ♡   Idée cadeau pour
                                     .... ○
                                     .... ○
                                     .... ○

Fiche n° ....

Titre ....

....

Genre ....
Nb de pages .... Date de sortie ....
Auteur / auteure ....
Editeur ....
Lecture débutée le ....
Terminée le ....
Broché ○   poche ○   numérique ○

Achat ○   Prêté par ○ ....
Offert par ○ .... Service Presse ○
Médiathèque ○

》 Mon avis général   / 5

....
....
....
....
....

》 Ce que j'ai adoré

....
....

》 Ce que j'ai moins aimé

....
....

Coup de coeur ♡   Idée cadeau pour

.... ○
.... ○
.... ○

Fiche n° ....

Titre ....

Genre ....
Nb de pages........................... Date de sortie ....
Auteur / auteure ....
Editeur ....
Lecture débutée le ....
Terminée le ....
Broché ⭕   poche ⭕   numérique ⭕

Achat ⭕   Prêté par ⭕ ....
Offert par ⭕ .... Service Presse ⭕
Médiathèque ⭕

>> Mon avis général   / 5

....
....
....
....
....

>> Ce que j'ai adoré
....
....

>> Ce que j'ai moins aimé
....
....

Coup de coeur ♡   idée cadeau pour
.... ⭕
.... ⭕
.... ⭕

FICHE N° ....

TITRE ....

....

GENRE ....
NB DE PAGES .... DATE DE SORTIE ....
AUTEUR / AUTEURE ....
EDITEUR ....
LECTURE DÉBUTÉE LE ....
TERMINÉE LE ....
BROCHÉ ○   POCHE ○   NUMÉRIQUE ○

ACHAT ○   PRÊTÉ PAR ○ ....
OFFERT PAR ○ ....   SERVICE PRESSE ○
MÉDIATHÈQUE ○

》》 MON AVIS GÉNÉRAL   / 5

....
....
....
....
....

》》 CE QUE J'AI ADORÉ

....
....

》》 CE QUE J'AI MOINS AIMÉ

....
....

COUP DE COEUR ♡   IDÉE CADEAU POUR

.... ○
.... ○
.... ○

FICHE N° ....

TITRE ....
....

GENRE ....
NB DE PAGES.......................... DATE DE SORTIE ....
AUTEUR / AUTEURE ....
EDITEUR ....
LECTURE DÉBUTÉE LE ....
TERMINÉE LE ....
BROCHÉ ○   POCHE ○   NUMÉRIQUE ○

ACHAT ○   PRÊTÉ PAR ○ ....
OFFERT PAR ○ ....   SERVICE PRESSE ○
MÉDIATHÈQUE ○

》 MON AVIS GÉNÉRAL   **/ 5**

....
....
....
....
....

》 CE QUE J'AI ADORÉ

....
....

》 CE QUE J'AI MOINS AIMÉ

....
....

COUP DE COEUR ♡   IDÉE CADEAU POUR

.... ○
.... ○
.... ○

Fiche n° ....

Titre ....
....

Genre ....
Nb de pages .... Date de sortie ....
Auteur / auteure ....
Editeur ....
Lecture débutée le ....
Terminée le ....

Broché ○   poche ○   numérique ○

Achat ○   Prêté par ○ ....
Offert par ○ .... Service Presse ○
Médiathèque ○

》 Mon avis général   / 5

....
....
....
....
....

》 Ce que j'ai adoré
....
....

》 Ce que j'ai moins aimé
....
....

Coup de coeur ♡   Idée cadeau pour
.... ○
.... ○
.... ○

Fiche n° ....

Titre ....

....

Genre ....
Nb de pages .... Date de sortie ....
Auteur / auteure ....
Editeur ....
Lecture débutée le ....
Terminée le ....
Broché ○   poche ○   numérique ○

Achat ○   Prêté par ○ ....
Offert par ○ .... Service Presse ○
Médiathèque ○

》 Mon avis général 📚📚📚📚📚 / 5

....
....
....
....
....

》 Ce que j'ai adoré

....
....

》 Ce que j'ai moins aimé

....
....

Coup de coeur ♡   Idée cadeau pour
                        .... ○
                        .... ○
                        .... ○

> LA LUMIÈRE EST DANS LE LIVRE, LAISSEZ-LE RAYONNER.
>
> — *VICTOR HUGO*

Mes coups de

Mes coups de coeur

Fiche N°	Titre	Auteur / Auteure

Mes coups de coeur

Fiche n°	Titre	Auteur / Auteure

> LA LECTURE NOUS OFFRE UN ENDROIT OÙ ALLER LORSQUE NOUS DEVONS RESTER OÙ NOUS SOMMES.
>
> *MASON COOLEY*

Mes salons et dédicaces

Mes salons et dédicaces

DATE	SALONS / LIEUX	AUTEUR AUTEURE

Mes salons et dédicaces

DATE	SALONS / LIEUX	AUTEUR / AUTEURE

Mes salons et dédicaces

DATE	SALONS / LIEUX	AUTEUR AUTEURE

Mes salons et dédicaces

DATE	SALONS / LIEUX	AUTEUR / AUTEURE

> LA LECTURE EST UNE AMITIÉ.
>
> — MARCEL PROUST

Les livres prêtés et empruntés

Mes livres PRÊTÉS

TITRE	EMPRUNTEUR	DATE PRÊT	RENDU
			○
			○
			○
			○
			○
			○
			○
			○
			○
			○
			○
			○

Mes livres PRÊTÉS

TITRE	EMPRUNTEUR	DATE PRÊT	RENDU
			○
			○
			○
			○
			○
			○
			○
			○
			○
			○
			○
			○

Mes livres PRÊTÉS

TITRE	EMPRUNTEUR	DATE PRÊT	RENDU
			○
			○
			○
			○
			○
			○
			○
			○
			○
			○
			○
			○

Mes livres PRÊTÉS

TITRE	EMPRUNTEUR	DATE PRÊT	RENDU
			○
			○
			○
			○
			○
			○
			○
			○
			○
			○
			○
			○

Mes livres EMPRUNTÉS

TITRE	EMPRUNTÉ À	DATE EMPRUNT	RENDU
			○
			○
			○
			○
			○
			○
			○
			○
			○
			○
			○
			○

Mes livres EMPRUNTÉS

TITRE	EMPRUNTÉ À	DATE EMPRUNT	RENDU
			○
			○
			○
			○
			○
			○
			○
			○
			○
			○
			○
			○

Mes livres EMPRUNTÉS

TITRE	EMPRUNTÉ À	DATE EMPRUNT	RENDU
			○
			○
			○
			○
			○
			○
			○
			○
			○
			○
			○
			○

Mes livres EMPRUNTÉS

TITRE	EMPRUNTÉ À	DATE EMPRUNT	RENDU
			○
			○
			○
			○
			○
			○
			○
			○
			○
			○
			○
			○

> LA LECTURE, UNE PORTE OUVERTE SUR UN MONDE ENCHANTÉ.
>
> *François Mauriac*

Ma liste d'envies

MA LISTE D'ENVIES

TITRE	AUTEUR / AUTEURE	OK
		○
		○
		○
		○
		○
		○
		○
		○
		○
		○
		○
		○
		○

MA LISTE D'ENVIES

TITRE	AUTEUR / AUTEURE	OK
		○
		○
		○
		○
		○
		○
		○
		○
		○
		○
		○
		○
		○

MA LISTE D'ENVIES

TITRE	AUTEUR / AUTEURE	OK
		○
		○
		○
		○
		○
		○
		○
		○
		○
		○
		○
		○
		○

MA LISTE D'ENVIES

TITRE	AUTEUR / AUTEURE	OK
		○
		○
		○
		○
		○
		○
		○
		○
		○
		○
		○
		○
		○

> Un livre bien choisi va vous sauver de quoi que ce soit, même de vous-même
>
> *Daniel Pennac*

Mes idées cadeaux

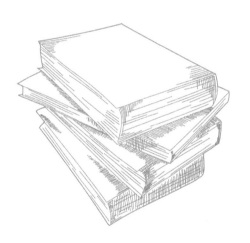

Les livres à offrir

TITRE	POUR	OK
		○
		○
		○
		○
		○
		○
		○
		○
		○
		○
		○
		○
		○

Les livres à offrir

Titre	Pour	OK
		○
		○
		○
		○
		○
		○
		○
		○
		○
		○
		○
		○
		○

LORSQU'UN LIVRE EST BIEN ÉCRIT, IL ME SEMBLE TOUJOURS TROP COURT.

Jane Austen

Mon Bilan lecture

Mon bilan lecture

FICHE N°	TITRE	NOTE

Mon bilan lecture

Fiche N°	Titre	Note

Mon bilan lecture

Fiche N°	Titre	Note
		📚📚📚📚📚
		📚📚📚📚📚
		📚📚📚📚📚
		📚📚📚📚📚
		📚📚📚📚📚
		📚📚📚📚📚
		📚📚📚📚📚
		📚📚📚📚📚
		📚📚📚📚📚
		📚📚📚📚📚
		📚📚📚📚📚
		📚📚📚📚📚

Mon bilan lecture

FICHE N°	TITRE	NOTE

Mon bilan lecture

FICHE N°	TITRE	NOTE

Mon bilan lecture

Fiche N°	Titre	Note

Mon bilan lecture

FICHE N°	TITRE	NOTE
		📚📚📚📚📚
		📚📚📚📚📚
		📚📚📚📚📚
		📚📚📚📚📚
		📚📚📚📚📚
		📚📚📚📚📚
		📚📚📚📚📚
		📚📚📚📚📚
		📚📚📚📚📚
		📚📚📚📚📚
		📚📚📚📚📚
		📚📚📚📚📚

Mon bilan lecture

Fiche N°	Titre	Note
		📖📖📖📖📖
		📖📖📖📖📖
		📖📖📖📖📖
		📖📖📖📖📖
		📖📖📖📖📖
		📖📖📖📖📖
		📖📖📖📖📖
		📖📖📖📖📖
		📖📖📖📖📖
		📖📖📖📖📖
		📖📖📖📖📖
		📖📖📖📖📖

A propos de l'auteure

Virginie Sarah-Lou – Romancière

Page facebook : virginie_sarah_lou_auteure
Instagram : virginie_sarah_lou_auteure
https://virginiesarahlou.webnode.fr
Groupe facebook "Et si on rendait notre vie plus simple ?"

« Et tu m'as offert ton soleil », 2021
Feel Good. Ramsay éditions.

« Et puis un jour, on s'en fout et ça fait du bien », 2020
Feel good /Comédie romantique. Ramsay éditions.

« Et si on rendait notre vie plus simple ? », 2020
Guide de développement personnel fun et décalé.

« Et si on oubliait l'avenir ? », 2019
Feel good, finaliste du concours de l'été 2019 Télé-Loisirs avec Virginie Grimaldi comme marraine.

« Et demain, l'éternité », 2019
Aventure spirituelle / Young Adult.

Printed in France by Amazon
Brétigny-sur-Orge, FR

13837144R00085